諷詩調詩集 · 463

언어의 투창 · 비수 · 방아쇠로 감행한
시의 복수 · 11

박진환 제511시집

지성·감성의 메타언어
조선문학사시인선.964

諷詩調詩集 · 463

언어의 투창·비수·방아쇠로 감행한
시의 복수 · 11

조선문학사

■ 책머리에

  시집 500권 출간 후 천천히 여유를 누리면서 쓰고 싶었고 또 그렇게 다짐했는데 욕심이랄까, 내친김에랄까, 씌어진 대로 더 묶어내기로 했다.
  시집 제목을 『언어의 투창·비수·방아쇠로 감행한 시의 복수』로 정했다.
  시하면 정서적 환기와 함께 묵시적 이미지가 제시돼야 하는데 시집 제목이 환기시키는 이미지는 투창이니, 비수니, 방아쇠니, 복수니로 악마적 이미지가 제시됐다.
  이러한 악마적 이미지의 동원은 기실 개선의 의도나 악의 교정을 위해 선에 이바지하기 위해 감행한 복수이므로 시쳇말로 다다익선, 많을수록 선에 이바지하는 것이 되어 사회적으로 유용한 것이 된다고 보고 또 믿고 있기 때문이다.
  시의 복수가 악의 교정과 선에의 이바지를 배후에 지니고 있듯이 시의 복수는 외견상 악마적 이미지를 제시했지만 그 배후에는 선에의 이미지가 들어 있다.
  시는 '무엇을 쓸 것인가'에 선행, 무엇을 '어떻게 드러낼 것인가'를 중시, 시법이 요구하는 여러 레토릭을 동원했다. 그중에서도 형이상시법인 컨시트·양극화·펀·원인적 비유·순수한 통징 등을 주로 구사했다. 기존의 레토릭에 관심, 시에 접근해 보면 타성으로 쓴 시와는 확연히 이질성이 드러날 것으로 본다. 그래서 친숙성이 배제돼 매우 생경한 비친숙성의 것들이 전진 배치되었음을 알 수 있을 것이다.

풍시조는 정신 본질인 컨시트와 함께 '순수한 통징'을 표현 본질로 하는 언어미학이다. 이에 충실하고자 했고, 이에서 출발시킨 시가 풍시조라는 점을 밝혀둔다.

2025년 초춘
저자 쓰다

박진환 제511시집 / 諷詩調詩集 · 463

시의 복수 · 11

차례

책머리에 / 5

2024년 12월 24일
그리는 안 해 / 13
지지 / 14
그른 듯싶어서 / 15
그런 사람 있어 / 16
감기의 병리학이다 / 17

2024년 12월 25일
목숨 구걸만 / 18
주인 돼서 / 19
이거겠다 / 20
똑같아서 / 21
따라했겠지 / 22
만복이 올 테니 / 23
화의 문이기도 해서 / 24
덕수의 수가 수갑이었던 것을 / 25
아니, 안 들어 / 26

어떻게 생각하든 / 27
귀 씻어버려서 / 28

2024년 12월 26일

호부우 흉내가 흉해서 / 29
안 통해 절대로 / 30
절대로 바꿔버려야 / 31
짐작으로 짚어볼 수도 / 32
무속 점괘에 의해 태도 결정 / 33
건강 몽땅 망하게 생겼으니 / 34
틀렸어 / 35
복당행 못 면할 듯 / 36
도깨비들 우글우글대서 / 37
못 면해 / 38
새겨 볼만 / 39

2024년 12월 27일

할 수 있는 것이어서 / 40
이미테이션 못 면해서 / 41
거시기해서 / 42
마비돼 버렸어 / 43
헛소리로 들려서 / 44
어떨지? / 45
뒤집어놓을 듯 / 46

셈본책도 못 되는 것을 / 47
충성값도 못 챙길 것 같아서 / 48
먹칠만 / 49

2024년 12월 28일
휴식이 필요했던 듯 / 50
장사가 없는 것을 / 51
감기의 형제뻘 같아서 / 52
탈구현상을 초래한다 / 53
배운다 / 54
더러웠다·1 / 55
더러웠다·2 / 56
당연한 결과 / 57
외면하는 듯싶어서 / 58
정치덕목이어서 / 59
용기만이 덕목 / 60
꼴값도 못하면서 / 61

2024년 12월 29일
꽤 많은 수 참여해서 / 62
여론도 지배적 / 63
우세까지 대신해 줘서 / 64
반증해 줘서 / 65
하책도 최하책이어서 / 66

둘러치고 있어서 / 67
지워지고 있어서 / 68
대못박기 돼서 / 69
묵은 체증 뚫어줘서 / 70
방어한다 함이어서 / 71
더 시끄러워서 / 72
굉음이어서 / 73

2024년 12월 30일
그것도 만사무석(萬死無惜) / 74
법의 잣대여야 / 75
더해야 하다니 / 76
이전투구여서 / 77
자라목 안 될는지 / 78
행동차원이 달라서 / 79
따라 하는 이 없는 듯해서 / 80
짐승스러워지는데 / 81
수괴 보고 한 말 / 82
못 면해서 / 83
급선무 / 84
멍멍 / 85
→ → → → → / 86
행보 보여줬으면 / 87
떠올라서 / 88

2024년 12월 31일

당장 체포해야 / 89
힘으로 밀어붙여야 / 90
영장청구 반발 의견서 제출해서 / 91
더딘 행보 재촉해서 / 92
오래여서 / 93
시궁창만 뒤집혀서 / 94
미래까지? / 95
석고대죄부터 할 줄 알아야 / 96
저리 비켜 / 97
코리아의 액운이여 / 98
광란 일으킬밖에 / 99
탕탕 방아쇠 / 100
쌍권총으로? / 101

2025년 1월 1일

윤석열도 끼일 듯싶어서 / 102
꼴값 떨긴 매한가지 / 103
네타냐 뭐라는 놈 / 104
개수작만 / 105
뭐 꼴만 / 106
안 그래? / 107
만사무석(萬死無惜)만 / 108
참회록이나 써보심이 / 109

없을 듯싶어서 / 110
주름살이 더 늘었다 / 111
내어 던져져서 / 112

■ **시집 평설을 대신해서_諷詩調에 대한 사계의 견해**
三行詩의 안팎_문덕수 / 113
知的調律에 의한 시 意味의 密度와 結晶度_성찬경 / 122
諷詩調의 깃발과 風向_김용직 / 128
박진환의 3행 '諷詩調'에 대하여_최원규 / 131
풍시조 읽기_문효치 / 136
諷詩調에 나타난 형이상시법의 수사법_최규철 / 140

2024년 12월 24일

그리는 안 해

노상원 수첩, 내용 중 구금·자살, NLL 북 공격유도 등 외환죄 드러나, 이래도 계엄이 경고용이었다고? 말을 하지 말든지, 하려거든 제대로 하든지, 거짓말 지껄여놓고 딴죽만, 소인배도 그리는 안 해

지지

집권여당, 당당하지도, 의연하지도, 정직하지도 못한 정치 행태
하는 꼴이 그 지경이니 국민의 눈 밖에 날 수밖에, 눈높이
좋아하시네, 뭐 눈엔 뭐만 보여서 높이 아닌 지지

그른 듯싶어서

눈을 씻고 또 씻고 봐도 사람이 없어
사람다운 사람이 없어, 기둥감은 없고
동퇴서비의서까래만, 허니 그 집구석 온전히 유지되긴 그른듯싶어서

※ 동퇴서비(東頹西圮) : 이리 쏠리고 저리 쏠려 넘어지기 직전의 허술한 집을 일컫는 말.

그런 사람 있어

내란 음모 속속 드러나는데 윤석열만 계엄을 통치권 행사라고
씨도 안 먹히는 헛소리만, 헛소리를 허사라 않던가
속이 텅 비면 헛소리하기 마련, 그런 사람 있어

감기의 병리학이다

건강하다고 큰소리치며 헛소리 내질렀더니 감기기로 몸살기까지
온 뼈마디가 다 아프고, 한속기에 정신을 차릴 수가 없다
감기기, 몸살기, 한속기의 삼위일체가 감기의 병리학이다

2024년 12월 25일

목숨 구걸만

내란의 수괴를 우두머리 괴수라고도, 그래선가 괴수는 괴변도잘해서 쿠데타를 겁을 주려고 일으켰다고? 3시간에 끝난 쿠데타도 있냐고 쿠데타란 실패했을경우 목숨던질줄도 알아야, 헌데 목숨구걸만

주인 돼서

답답해 가슴 치는 국민들 외침이 한결 같은 만사무석, 들어도 무슨
말인줄이나 아는지, 몰랐기에다행, 알았던들 목에깁스하고 버티겠나
지금은 충신들 역적 되고 역적의 역적 국민들이 주인 돼서

이거겠다

수괴 변호인이란 자 말이나 똑똑히 했으면 우물우물 혼란만
사건의 진실과는 동떨어진 국민의 여망과는 아예 담 쌓
논리도 근거도 없는 우물우물, 그렇게 넘어갔으면 싶다 이거겠다

똑같아서

어림없는 수작 마셔, 국민 한 사람 한 사람이 심판관이여
변호사 주제에 끼어들긴, 끼어들었으면 제대로 하든지
쿠데타 실패하고 우물우물한 괴수와 똑같아서

따라했겠지

대통령 마나님 무속인에 총리 마나님은 무당, 쿠데타 모의자도 무속
무신정치 있었지만 무속정치는 처음이어서, 점괘엔 쿠데타
성공으로 나왔겠지, 해서 저질렀지, 수괴는 이를 믿고 따라했겠지

만복이 올 테니

점괘로 국운을 결정하고 말고 했으니 정치는 실종, 허구의 점괘가
　육법전서여서, 신생 정치학 이론, 코리아의 전매특허 육법전서
무속의장에 쒸어있기, "삼신의 말을따르라, 그리하면 만복이 올테니"

화의 문이기도 해서

그래서 따라했겠다, 했더니 안 맞아떨어져, 그래도 이번만 이번만은
따라하다가 큰 탈, 쿠데타로 뚫고 나가고자, 헌데 결과는 만복이
아니라 만사무석 불러와서, 무속이란 게 복 아닌 화의 문이기도 해서

덕수의 수가 수갑이었던 것을

대통령대행 한덕수, 그나마 지닌 덕 지킬수 있는 것은 특검법 공포에
윤석열 체포동의 등 현안 타개 결심해 그나마 이름값, 이름값도
못할까엔 내란 공조죄로 수갑 차야, 덕수의 수가 수갑이었던 것을

아니, 안 들어

패널들 바른말 한답시고 여당 쪽 인사, 입에 버큼 물고
안간힘 해도 대세와는 먼 거리, 국민과는 더 먼 거리에서 말하기
가까이 속삭여도 들을까말까한 말 먼 거리라니 안 들려, 아니 안 들어

어떻게 생각하든

들어주지도 않는 말 30여 분 떠들어놓고 "잘했지" 자화자찬하겠지만 헛소리 듣고 감동 체험할 그런 국민 아니거든, 앞으로 그런 헛소리 하려거든 혼자 떠들어, 지나가는 이들 어떻게 생각하든

귀 씻어버려서

혼자 떠드는 사람 독립공원에 가면 종종 있어, 무슨 말을 하든지 듣는 사람은 없고 혼자만 열올려, 소리 높였다 낮췄다 제법 자아도취 차원까지, 문제는 청승 지나가다 소리 들리면 귀 씻어버려서

2024년 12월 26일

호부우 흉내가 흉해서

끝내 안 나온 윤석열, 체포 명분 키웠다던데, 명분은 그만하면 됐고
또 뭐가 남았나? 체포 실행엔 여러 장애요소가 길을 막아서
그걸 믿고 버티기니 흡사 호부우 같아서, 헌데 호부우 흉내가 흉해서

※ 호부우(虎負隅) : 호랑이가 산언덕을 배경으로 버티고 있으면 기세가
등등해 함부로 어찌할 수 없다는 말

안 통해 절대로

내란 수괴 호부우 흉내, 착각도 제대로 된 착각이어야
쿠데타 실패한 주제에 영웅적 행동으로 정당화, 버티기로써
한낱 수괴란 걸 알았으면 영웅심리 같은 건 안 통해 절대로

절대로 바꿔버려야

'무조건 따르라'에 한덕수 절대로 안 굽힐 것 했던데, 안 굽히면
꺾이기 마련, 수괴 버티자 그 대행 버티기가 다르지 않아서
정치 혈통이 그 모양이니 체질부터 개선해야 절대로 바꿔버려야

짐작으로 짚어볼 수도

집권당 권영세 비대위, 계엄 진상규명 처벌 협조 없으면
마지막엔 골로 간다 했던데, 골이 어딘지 모르지만
되돌아올 수 없는 곳이란 것은 짐작으로 짚어볼 수도

무속 점괘에 의해 태도 결정

'권한대행은 헌법재판장을 즉각 임명하라'에 대행 왈 이래라
저래라엔 절대 굽히지 않겠다며 버텨, 이유 있을 듯 부인 무속인에게
찍소리 못하는 총리라데, 허면 부속 점괘에 의해 태도 결정

건강 몽땅 망하게 생겼으니

모든 '윤석열과의 결별' 했던데, 국민의힘은 되레 수괴 비호 계엄 정당화에 열 올려, 그 올리는 열에 흘린 땀이 한출첨배였으면 좋았을 걸, 어쩐다 식은땀만 흘려서 건강 몽땅 망하게 생겼으니

※ 한출첨배(汗出沾背) : 부끄러움으로 등에 땀이 솟아오름.

틀렸어

한덕수의 치세했던데, 치세철학이란 게 고작 무속인
부인 말에 찍소리 못하는 판이라면 무속 점괘가
치세철학, 그래 가지고 어찌 일국의 위기를 다스런다고, 틀렸어

복당행 못 면할 듯

윤석열의 내란 아직도 끝나지 않았다던데, 더 버티면 국민 호응이라도 얻어 반전 이루어질까, 꿈도 아니고 망상도 아니고 망령이나 아닐지, 깨어났을 때는 이미 늦어 복당행 못 면할 듯

도깨비들 우글우글대서

헌정 혼돈에 경제는 온통 빨강불, 벼랑에 몰린 시민들은 수괴처단 정상회복 외쳐대지만 빨강불이란 게 켜졌다 하면 도깨비불처럼 일고 또 일어서, 뿐인가, 혼돈의 틈새 파고드는 도깨비들 우글우글대서

못 면해

예고 참사 '윤 정권을 돌아본다' 했던데, 우연이 아니라 쿠데타가
필연이었다는 뜻, 조직적이고 계산된 내란을 '겁 좀 주려고?'
그냥 웃기셔, 그런식의 웃음거리는 비웃음거리돼 천만인소지 못면해

※ 천만인소지(千萬人所持) : 천만인의 손가락질이라 함이니 지탄의 대상을
두고 한 말.

새겨 볼만

뿐인가, 비웃음이란 게 비수처럼 꽂히는 무기도 돼서
해서 하는 말 천인소지무병이사 안 했던가
옛분들 말씀 그른 것이 없어, 병 없이도 죽는다는 말 새겨 볼만

2024년 12월 27일

할 수 있는 것이어서

한덕수, 윤석열 지키려 택한 탄핵의 길, 헌데 탄핵의 길이 핵탄의 길 같아서, 터졌다 하면 메가톤급 될 듯, 충신의 지조는 좋은데 충(忠)이란 게, 충도 살아남아야 할 수 있는 것이어서

이미테이션 못 면해서

김용현 정치인 체포 자신이 지시했다고 큰소리 뻥뻥에
변명도 윤석열과 판박이다 했데, 그뿐인가 KBS, MBC, JTBC 등
언론 취재도 배제도 다르지 않아서 윤석열 이미테이션 못 면해서

거시기해서

윤석열 계엄 '야당 경고용'이니 '2시간짜리 폭동 봤냐'며 탄핵 부당 주장에 법조인들 '윤석열 내란죄 처벌·탄핵 가능, 내란 저지르고 탄핵 부당하다는 자가당착, 딱하다 못해 못나기가 거시기해서

마비돼 버렸어

한국노인 교통사고 사망률 부끄러운 세계 최고수준이라데, 부끄러울 것도없어, 코리아에서 부끄럼이란 옛날의미덕일뿐, 요즘엔 부끄러움 없어진지오래, 하도부끄럼뿐이어서 무엇이부끄럼인지 마비돼버렸어

헛소리로 들려서

내란 피의자 한덕수 탄핵하라, 입 달린 사람이면 외치는 한목소리인데 정작 극우만 탄핵 반대, 어느 쪽이 애국인지, 어느쪽이 헛소리인지? 하도 헛소리들이 많아서 참소리도 헛소리로 들려서

어떨지?

공수처란 게 빌 공(空)에 손 슈(手)자 공수처(空手處) 같아서
수사 효과 내기보다 번번이 맨손이니 그로 보면 공수처가
맞을 듯, 제 기능 못할 바엔 이참에 폐업 신고함이 어떨지?

뒤집어놓을 듯

내란 수괴 윤석열 헌법재판소에 소송위임장 제출 등 꿈틀꿈틀
버티다 버티다 못해 헌재에 서류 제출, 극우 동원, 여론 이끌고자
했었던 듯, 문제는 괴변에 변명에 국민들 속만 뒤집어놓을 듯

셈본책도 못 되는 것을

한덕수도, 김용현도 윤석열 판박이로 보았던데
믿는 구석이 뭘까? 일부 지지층 셈법이 유치해
그런 셈법엔 답이 없는 셈본책도 못 되는 것을

충성값도 못 챙길 것 같아서

패널들 이러쿵저러쿵 진단 각각 다르던데 상식에도 못 미치는
법 논리도 개진되는 걸 보면 딱하고 유치하기도, 수괴옹호 패널들
충성심도 좋네마는 어쩐다 충성값도 못 챙길 것 같아서

먹칠만

윤석열·김용현 말 맞춘 듯, 말만 맞춘다고 해결되나
김용현 윤석열 방패 자청인 듯, 어리석게도 판박이란
오명만 뒤집어써서 명분도 체면도 먹칠만

2024년 12월 28일

휴식이 필요했던 듯

비교적 건강한 편이지만 한번 아팠다 하면 크게 앓는다
해마다 해넘이를 하면서 털어버리고 갈 것처럼 아픔을 벗겨낸다
감기에 몸살, 그간 어지간히 부지런을 떨었더니 휴식이 필요했던 듯

장사가 없는 것을

출근이래야 고작 3층에서 2층으로 내려오는 것이지만 1주일여를 출근하지 못했다, 온몸이 오그라드는 오한과 한속기와 비틀대는 어지럼증, 별 수 없구나, 늙으면 장사가 없는 것을

감기의 형제뻘 같아서

온몸의 뼈마디며 근육통이며 성한 곳이 없다, 꼬박 5일을 누워
빈둥댔으나 쾌유의 기미 없고 몸만 더 불편, 불편이면 그나마 다행
사사건건 짜증에 불평·불만이 감기의 형제뻘 같아서

탈구현상을 초래한다

한 사람의 발병이 한 가정의 리듬을 엉망으로 흐트러뜨린다
세브란스행 끝내 결행하지 못하고 딸애가 대신했다
평소의 리듬이 흐트러지면서 일상이 탈구현상을 초래한다

※ 탈구현상(脫臼現象) : 뼈마디가 삐어져 나와 아구가 맞지 않는 현상.

배운다

몸이 괴로우니 만사가 귀찮고 부질없이 여겨진다
절로 터지는 탄성, '늙고 병든 독거의 비애'
산다는 게 귀찮고 부질없고 의미 또한 없다는 걸 배운다

더러웠다 · 1

침대에 누워 죽을 치는 바람에 TV와 가까워졌다, 계엄이다
내란이다 쿠데타도 패널마다 진영논리를 펴는데 질렸다
옳고 그름이 아닌 진영에 유리하도록 안간힘을 쓰는 꼴, 더러웠다

더러웠다 · 2

더 더러운 건 내란 수괴의 행태, 의연하고 당당하지 못한
소인배 짓에 칩거로 피하면서 지지층 결집에 운명을 걸고 목숨
구걸하는 꼴이라니 참, 아주, 절대 더러웠다

당연한 결과

죄를 지었으면 수괴답게 당당하고 의연하게 의인다움 보여야
졸개만도 못한 짓 뒤에 숨어 구명 모으려 하는 꼴에 떠는
꼴값. 그런 소인배가 쿠데타라니 실패가 당연한 결과

외면하는 듯싶어서

한덕수 총리, 국민께 실망만 안겨줘, 일의 경중, 선후 가려
처리할 것은 과감히 직책 수행해야; 빠져나갈 구멍만 찾는
여야 합의라니, 자신의 안전만을 위해 국가안위 외면하는 듯싶어서

정치덕목이어서

명분보다 사리보다, 자기 안위보다 좀 더 대승적 차원에서
던질 땐 몸과 함께 결기도 보여줘야, 탄핵에
밀리는 딱한 처지, 결단성 과단성도 정치덕목이어서

용기만이 덕목

몸 사리어 자아방어기전만 앞세우면 대의나 의인의 반열에는
못 올라, 그렇다고 내란 수괴나 부수괴처럼 만용까지
덕목 되는 건 아니어서, 정의를, 정도를 대의를 위한 용기만이 덕목

꼴값도 못하면서

차제에 비겁한 놈들 물러나고 패기 있고, 정도행 택하고
국가 안위에 헌신할 줄 아는 그런 위인들이 앞장섰으면
국민의힘 패거리들 버티는 꼴이라니 꼴값도 못하면서

2024년 12월 29일

꽤 많은 수 참여해서

내란 수괴, 변명이 가관, 부정선거를 파헤치려고 계엄 선포했다고
쿠데타 실패 때 방어기제로 부정선거를 계산에 넣었던 듯
실패했지만 성과도 있는 듯, 보수결집돼 꽤 많은 수 참여해서

여론도 지배적

광화문 탄핵 찬성, 반대 양 진영 세 과시로 운집, 육안으론
탄핵 찬성 쪽이 훨씬 많은 군중이데만, 군중세 과시론
탄핵 찬성 쪽이 수적 우세, 수만 아닌 여론도 지배적

우세까지 대신해 줘서

어쩐다 내란 수괴 지지층 결집에 목숨 건 듯싶던데, 탄핵 반대 외쳐대도 이미 탄핵 이루어졌고, 더구나 찬성 쪽 외침은 함성 차원이어서 단연 우세, 우세가 보수층 우세까지 대신해 줘서

※ 우세 : 부끄러움.

반증해 줘서

여론이 어떻건, 이미 보수가 진 게임, 수괴 하는 짓 봐
숨어서 뒷구멍으로 구명 활동, 자리 지키기, 정권 연장 기도 등
떳떳하지도, 명예스럽지도 못한 음흉함이 이를 반증해 줘서

하책도 최하책이어서

내란 수괴, 공수처 조사에 불참, 오죽 떳떳하지못하면 스스로 나가지
못하는 것인가; 나가서 거짓말하자니 체면 먹칠이고, 변명하자니
먹혀들지 않아 자리 피함이 상책, 헌데 하책도 최하책이어서

둘러치고 있어서

정당했고, 떳떳했고, 당당했었다면 피할 이유가 없지
나갔다 돌아오지 못하고 체포 못 면하면 꼼짝없이 영어신세
딱하게 됐소만 국민들이 이미 겹겹이 영어 담 둘러치고 있어서

지워지고 있어서

나서지도 못하고, 물러설 곳도 없고, 체면이야 까짓
먹칠 못 면했지만 그래도 한 가지 희망, 초록은 동색들
헌데 동색은커녕 남은 색깔마저 지워지고 있어서

대못박기 돼서

계엄군 선관위 체포조, 야구방망이·망치·포승줄까지 준비물
헌데 어쩐다, 체포하러 갔다 되레 묶여버렸으니 자승자박
공연히 망치는 준비했다 스스로 갇힌 복당문에 대못박기 돼서

묵은 체증 뚫어줘서

윤석열 통치, 사사건건 못난 짓에 국민들 원성 하늘 높더니
이리 고마울 수가, 셀프쿠데타로 스스로 몰락 자초해서
남은 3년여 어찌 살까 했더니 3년 묵은 체증 뚫어줘서

방어한다 함이어서

윤석열, 공수처 출석요구에도 불응; 이번이 두 번째, 그다음은?
강제수사; 강제수사면 체포, 물리적 힘에 의한 수사; 수사 거부가
거꾸로 사수될 수도, 사수가 죽음으로써 방어한다 함이어서

더 시끄러워서

윤석열 뉴스가 장식하던 매스미디어들
무안 항공 사고 나자 새 사건 정황 전환용이라도 되듯
한나절 내내 떠들어대, 아픈 귀 윤석열보다 더 시끄러워서

굉음이어서

무안 항공기 사고보다 더 큰 사고 하나 났으면 싶다, 귀가 따가운
윤석열 운운 지워버리게, 헌데 이건 더 같은 소리로
떠들어대 따가운 귀가 아닌 혼 빼는 굉음이어서

2024년 12월 30일

그것도 만사무석(萬死無惜)

계엄으로 나라 흉흉한데 엎친데 덮친다고 무안 비행기 사고까지
운수로 치면 죽어라죽어라, 죽을 운수, 죽어야할 사람이
한두 사람이겠나, 죽을죄 지은 사람 하도 많아서 그것도 만사무석

법의 잣대여야

윤석열, 3차 출석요구도 불응, 공수처 체포영장 꺼낸다 했던데
'꺼낸다'가, 아닌 '꺼냈다'로 바뀌어야, 그것도 지체없이
국가 흥흥 면할 점괘는 무당 점괘 아닌 법의 잣대여야

더해야 하다니

윤석열, 무안 비행기 사고 두고 '정부, 사고수습 최선을' 했던데
하이고, 당신 앞길이나 잘 챙겨, 나라 걱정 주제넘어서, 내란 수괴가
'나라 걱정'이라니, 참 미워만 했더니 비웃음까지 더해야 하다니

이전투구여서

윤석열 출석요구에 "합법적 출석요구 없었다" 강변했던데
이에 공수처 "직접 관련성 있다"며 맞받아, 수사권 물고 늘어지는
윤 두고 '물고 늘어진다' 했던데, 익힌 것이 이전투구여서

자라목 안 될는지

헌재, 윤석열 탄핵심판 '형사 아닌 헌법재판이라며 신속 진행 의지 피력하며 윤의 지연 시도 차단, 출석 불응에, 알량한 법지식 형사재판 꺼냈다가 한 차원 높은 헌법재판에 자라목 안 될는지

행동차원이 달라서

주말한파에도 "세상 바꾸자"며, 여성・농민・청소년 등 단상에 올라
서로 응원했던데 청소년들이 사자 후 토할 줄은 미처 몰랐을까
보수 보호망에 갇힌 것과 진보의 행보는 행동차원이 달라서

따라 하는 이 없는 듯해서

국힘, '총 쏴서라도' 지시엔 아예 귀 닫고 윤석열 비호에만 입 열어
귀 닫히고 양심도, 희망도, 정치 죄다 닫혀, 개폐기능 상실한
집구석이 입은 살아서 윤석열 윤석열, 헌데 따라하는 이 없는 듯해서

짐승스러워지는데

국힘, 윤석열 쿠데타 실패 교훈에도 반성 기미 전혀 없고
되레 내란 수괴 비호에만 혈안, 양심에 불 밝혀야지
눈에 불 밝히면 짐승의 야욕 못 면해, 점점 짐승스러워지는데

수괴 보고 한 말

전국 곳곳서 마지막 해넘이 보며 2024년과 헤어질 시간 했던데, 그래 "잘 가시게나" 넘어가는 수세미 같은 해와 함께 수세미 같은 해의 수자가 내란 수괴 숫자 떠올려서 수괴 보고 한 말

못 면해서

경제단체장들 입 모아 '거대한 파고 위기 직면' 했던데
거대 파고면 격랑·노도·해일, 그렇다네, 수괴가 주고 온 선물
경제뿐인가 민생은 고해에 표류하는 표주박 신세 못 면해서

급선무

새해, 광장에서 새로운 세계를 소망한다 했던데, 한가한 소리
묵은 치통거리 통치, 도치부치, 무치, 거부권, 시행령 사치(邪治)
쓸어내야 새해의 빛, 무늬로 깔려, 어둠 먼저 몰아냄이 급선무

멍멍

입 달린 백성이면 다 '내란죄'라 부르는데 정신나간 몇 사람만 쿠데타를 내란죄 아닌 통치수단이었다고? 넋나간 소리에, 헛소리를 섞으면 그런 말 돼, 헌데 개소리까지라니 멍멍

→ → → → →

'발포지시'한 내란 수괴 윤석열, 즉각 체포하라 했던데
옳소, 옳소, 옳소, 옳소, 옳소 → → → → →
체포하라, 체포하라, 체포하라 → → → →

행보 보여줬으면

최상목 대행 '재판관 임명으로 국정안정 첫발 떼야 했던데 첫발 떼고, 두 번째도 떼고, 쭉 떼고 떼고 쭉 떼고 떼고, 윤석열의 외외탕탕 아닌 의연하고 당당하고 대승적, 대국적 행보 보여줬으면

떠올라서

'소년 같은 새해가 온다' 했던데, 글쎄요, 요즘 출산율
상승세라던데, 태양같은 소년의 해 떠오를지?
수세미 같은 해 수괴 먼저 발길질 해버려야 새해 떠올라서

2024년 12월 31일

당장 체포해야

헌정사상 초유 현직대통령 '체포영장청구' 했던데 뭘 그리 꾸물거리는지? 내란 수괴 체포는 쿠데타 실패와 동시에 이루어졌어야, 늦었지만 지금이라도, 아니지 당장 체포해야

힘으로 밀어붙여야

대통령 경호처 영장집행 거부·방해 땐 온갖 수단·방법
총동원, 강제구인해야, 내란에 체포로 맞설 힘 없으면
법이 무슨 필요, 쿠데타가 그러하듯 체포도 힘으로 밀어붙여야

영장청구 반발 의견서 제출해서

영장발부로 첫 관문 넘어도 경호처 거부, 윤 조사불응 변수 했던데
검찰수장 시절부터 법꾸라지 생리 잘 익혀 능히 그럴 수도
허면 어쩐다? 영장발부도 전에 영장청구 반발 의견서 제출해서

더딘 행보 재촉해서

'윤석열을 즉각 체포하라', '늦었어, 진즉에 체포했었어야'
'지금이 딱이야 하루 늦으면 대한민국 1년 더뎌
지각 못 면해', '즉각, 즉각', '체포, 체포'만이 더딘 행보 재촉해서

오래여서

'내란의 늪에 빠진 도로친윤당' 했던데, '그럴만한 가치는 뭘까 무슨 '매력이 있어 도로친윤당일까?' 역시 독재의 독 맛보면 그 맛 못버린가 봐, 친윤당 독, 제 독약에 중독된 지 오래여서

시궁창만 뒤집혀서

체포영장 청구된 윤석열, 통치의 외외탕탕은 어디 가고
꽁무니 빼며 연명 구걸, 눈 뜨고는 차마 봐줄 수 없는 꼴불견에
법꾸라지 속성 못 버려 꿈꾼다 했다, 하면 시궁창만 뒤집혀서

미래까지?

쿠데타 친괴수 김용현 변호 국힘, 권영세 비대위 '변화 없이 미래 없다' 했던데, 변화? 무슨 변화? 배운 것이 그것뿐, 맛본 것이 그 맛뿐인데 변화라고? 거기다 미래까지?

석고대죄부터 할 줄 알아야

무슨 미래? 행여나가 기대하는 미래? 그런 미래란 없어
설혹 있다 해도 국힘 차지 돼서는 안 돼, 권영세 비대위
차지는 더더군다나, 미래 읽는다면 석고대죄부터 할 줄 알아야

저리 비켜

지미 카터 전 미 대통령을 지칭, '가장 존경받는 전직 대통령' 했던데 윤석열은? 갖다 댈 것을 대야지, 저리 비켜, 끼일 자리가 어디 있다고? 현직도 유지 못한 주제인데 전직 예우까지라니, 저리 비켜

코리아의 액운이여

2024년은 코리아의 불행한 해 중에서도 그중 불행한 재수가 옴 올라버린 저주스런 해다, 윤석열 쿠데타 실패 무안 비행기 사고 등등, 액운의 끝장식처럼 가런 마귀여, 코리아의 액운이여

광란 일으킬밖에

윤, '권한 없는 기관의 체포영장 응할 수 없다'며 버티기 정도도 순리도 모르고, 아는 것이라곤 오기·고집뿐이니 아는 대로 버티기밖에, 저리 버티다 끌려가면? 광란 일으킬밖에

탕탕 방아쇠

권성동·권영세를 쌍권총이라던데, 총잡이답게 장갑 낀 듯, 혁명은 비단장갑으론 이뤄지지 않는다는 스탈린의 외침, 가죽장갑 끼었으니 당겨봐, 탕탕 방아쇠

쌍권총으로?

방이쇠는 쌍권총이 당겼는데 국힘이 과녁이었던 모양
허면 제 가슴 향해 방이쇠 당긴 꼴, 옛분들 이런 때 두고
제 꾀에 제가 넘어갔다던가, 칼로는 안 되니 쌍권총으로?

2025년 1월 1일

윤석열도 끼일 듯싶어서

한강을 지난해 최고의 인물이라 뽑았던데 노벨문학상의
의미도 새길 줄 모르는 시대, 문학이 실종된 시대에 문학인이
최고인물이라니, 그러든지 말든지, 윤석열도 끼일 듯싶어서

꼴값 떨긴 매한가지

생애를 빛낸 인물도 없지않아있지만 한생을 망쳐버린 위대한 위인도
있어서, 그 이름은 수괴, 초하룻날부터 수괴를 입에담다니 올 운세도
옴 오른 듯싶어서, 나라꼴이나 인물 꼴이나 꼴값 떨긴 매한가지

네타나 뭐라는 놈

트럼프 외외탕탕, 푸틴 소릿값 유사한 폭탄 전성어로 터뜨리고
젤렌스키 젤젤 짜고, 점잖기론 시진핑의 몸가짐이
세계에서 제일독한 이스라엘인가 어딘가하는 인물 네타나 뭐라는 놈

개수작만

윤석열 체포영장, 하루속히 잡아들여 내란 수습에 기여를
공수처 힘없으면 국민 동원령으로라도, 수괴가 입 살아 떠벌이고
있으니 그 무리들 입놀림도 수괴 아닌 괴수 흉내말 개수작만

뭐 꼴만

세상 이리 어지럽고 더럽고 개수작에 거덜날 판인데 수괴집단
미국서도 외면해버린 성조 깃발 뒤흔들며 탄핵 포기하라고?
어림 반푼어치도 없는 소리, 수괴 쳐다보다 닭 쫓던 뭐 꼴만

안 그래?

내란 수괴 체포 돼 복당살이 못 면하면 쫓던 무리는 태극기 성조기들었던 양손묶이고, 벗은맨발에 정신적 시베리아행 유형될 판 수괴가 복당살이니 복당행 면한 것만 해도 대사면이지, 안 그래?

만사무석(萬死無惜)만

제포영장 떨어졌으면 제발로 걸어 끌려가야 동정심이라도 유발
되레 큰소리에 죄 없다만, 소인배나 취할 행동 부끄럼도 모르는지
안 됐다 싶다가도 추한 면모 앞에 하면 터져나오느니 만사무석만

참회록이나 써보심이

동정의 여지가 없다 함이니, 동정할 가치가 없다 함과 같을 듯
  국민들관 그리 먼 거리에서 혼자만 독불장군에 외외탕탕
  그간 군림 했으니 복당살이 즐기면서 참회록이나 써보심이

없을 듯싶어서

참회록은 아무나 쓰나, 진정으로 뉘우치는 개심 있어야 참회록도
가슴엔 오직 분노뿐이니 써봤자 두서없는 잡문 부스럭
쓴다는 헛수고보다 써봤자 읽어줄 사람이 없을 듯싶어서

주름살이 더 늘었다

지인들 새해인사 덕담 1호는 건강, 다음 이음말 없으니
기대할 것이 없다는 뜻일 터, 기대하건 말건 나름의 기대치
일당 챙기며 내심 웃어보는 나와 나의 미소, 주름살이 더 늘었다

내어 던져져서

늙고 병들고 추해져야 제격, 되레 젊어지면 상꼴불견
늙을 때 늙을 줄 알고 주름 파일 때 파일 줄 알아야
바로 살면 그래, 거꾸로 살면 파인 주름 밖으로 내어 던져져서

■ 시집 평설을 대신해서_諷詩調에 대한 사계의 견해

三行詩의 안팎

문덕수(전 예술원 회원)

1.

박진환의 三行詩Ⅷ『諷詩調』를 읽고 느낀 바가 많지만 다 말할 수는 없을 것 같다. '諷時調'라고 하지 않고 '諷詩調'라고 한 것은 '시조(時調)'와는 다른 장르임을 말하는 것이 분명하고, '풍조시(諷調詩)'가 아니라 '풍시조(諷詩調)'라고 한 것은 이와 유사한 다른 장르명의 어순을 따를 필요가 없음을 암시한 것 같다. 어쨌든 '풍시조(諷詩調)'는 다른 누구의 것도 아닌, 바로 박진환의 장르다. 그가 풍시조의 시조요, 창업자다.

'풍시조(諷詩調)'의 '풍(諷)'은 '풍자(諷刺, satire)'일까. '풍유(諷喩, allegory)'일까(諷諫, 기자(譏刺)라는 말도 있다). 풍(諷)은 '言+風(음)'으로 된 글자인데, 떨리는 소리로 낭독하는 것을 풍송(諷誦)이라고 하고, 바람이 나뭇가지나 이파리를 흔들듯이 사람의 마음을 움직이는 것을 '풍(諷)'이라고 한다. '풍자'는 후자에 해당한다. 그러나 이러니저러니 따질 필요는 없다. '시 작품' 자체가 시론이기 때문이다. '풍시조'의 정체는 박진환의 작품에 있다고 하겠다.

> 달콤한 오수 깨며 띠리링 울리는 벨소리 속 목소리
> 　　기막힌 부동산 정보 전해 드리려고요
> 너나 기막히세요, 난 귀 열고 매미소리나 벗하리니
> 　　　　　　　　　　　　　―「귀 열고」

　IT매체들(휴대전화 등)을 통해 부동산 중개업자(복덕방)의 이러한 극성스러운 메시지는 시민들이 역겹도록 경험하고 있는 현실이다. 시도 때도 없는 각종 정보 발신에 시민들이 무방비 속에 시달리는 것은 정보공해라고 할 수 있다. 이 시는 요즘의 이러한 부동산 시장의 상황과 정보공해가 전제되어 있고, 이러한 상황을 어느 정도 공유하고 있는 독자에게만 공감이 절실할 것이다. 풍자건 유머건 간에, 독자의 다양한 지적 교양이 전제된다는 점에서 지성적 활동이라고 할 수 있다(박진환을 '주지시'의 계열의 중요시인으로 보는 것도 이 때문이다).

2.

　왜 3행시일까. 20행, 30행의 장시나 산문시면 안 되는가. 초·중·종장과 같은 3행이지만, 시조의 율조와는 관계가 없다. 종장 '3·5·4·4'와 같은 율조도 지킬 필요가 없다. 음보와도 관계없다. 시조의 3행과 같다는 말도 사실상 넌센스다. 그럼에도 3행시로 한 뭔가의 이유가 있지 않을까. 앞에 든「귀열고」에서 여러 가지 장치를 전지(剪枝)하고 3단논법의 뼈대만 추려 본다.

남을 괴롭히는 전화는 받기 싫다(대전제)
요즘의 부동산 정보전화도 사람만 괴롭힌다(소전제)
그러므로 내게 그런 전화하지 말라(결론)

이와 같은 논리소('화소'라는 말이 있지만 '논리소'라고 해둔다)로 환원시켜 놓고 보면, 「귀열고」는 3단논법의 시상 전개임을 어느 정도는 이해할 수 있다. 상황 제시(대전제, 제1행), 권유나 권고(소전제, 제2행), 거절(결론, 제3행)로 된 3단형이나 구문면에서는 문답형이다. 3단 논법이란 2개 이상의 전제를 제시하고, 거기서 결론을 도출하는 추론형식이다. 2개든 3개든 2행으로 전제를 제시하거나 열거하고, 논리 진행의 반전, 좌절, 총합 등으로 결론을 도출하게 되면 '3단형'이 되지 않을 수 없다. 또 구문상의 '문답형'으로 본다고 하더라도 물음과 답이 각각 1행씩 합해서 2행이 되고, 물음과 대답을 성립하기 위한 전제적 상황 제시가 1행을 차지하면, 이 또한 3행 형식을 취하게 된다.

돈 많은 세상에 돈 없이 배고파하는 꼴이나
물난리에 물이 없어 목말라 하는 꼴이나
사람 중에 사람 없어 정치공황 부황든 꼴이나
— 「꼴이나 꼴이나」

「꼴이나 꼴이나」도 3단형이긴 하나 논리의 극적 국면(반전, 좌절 등)이 약한, 즉 편평(扁平)한 3단형이다. 더 정확하게 말하면 전제만 3행으로 열거되고 결론이 없는(결론은 독자의 몫으로 남겼다.) 일종의 '나열형'이다. 틀(뼈대)을 추려보면 "풍족 속의 굶주림은 꼴불견이다(제1행), 홍수 속의 갈증은 꼴불견이다(제2행), 인재 귀한 정치 공황은 꼴불견이다(제3행)"의 3단형인데, 대전제·소전제·결론 형이 아니라 단지 전제의 3행 나열에 지나지 않고, 이러한 나열을 총합한 결론은 독자에게 맡겨져 있다. 구문상으로는 '꼴이나'가 각행의 끝말로 반복(세 번 반복)되는데 귀납형의 방식이라고 할 수 있다. 대전제를 먼저 제시하는 3단 논법형과는 다르다고 하겠다. 3단형이라고 하더라도 여러 가지 성질의 형식이 있으므로, 여기서는 변죽만 건드려본 정도로 그치겠다.

3.

다음엔 실제 작품을 조금 음미해 본다. 「귀열고」는 「夏夜」와 더불어 박진환의 풍시조 중에서 가장 재미있는 작품인 것 같다. 전형적인 작품이라고 해도 괜찮다.

'기막히다'의 활용형(기막힌, 기막히세요)은 문답의 '고리' 역할을 한다. 부동산중개업자와 시적 주체도 연결시켜준다. 그런데, 대답 부분(제3행)의 '기막히세요'라는 '고리'에는 '기막히다(어떤 일이 하도 어이없거나 엄청나서 질릴 정도이다와 같은 부정적 성질의 의미와, 어떻다고 말할 수 없을 만큼 좋거나 정도가 높다와 같은 긍정적 성질의 의미가 공존한다)와 '귀(耳) 막히다' 등의 의미가 공재해 있고, '귀 막히다'는 뜻의 말은 짐짓 잘못 알아들은 것으로 되어 있다. 이 풍시조의 재미는 '기막히세요'라는 고리에 내재된 다채로운 뉘앙스의 삼중 겹침에 있는 것 같다. 여기에 "너나 기막히세요"라는 독백 형식의 대답에는 "너나 잘하세요"(영화 「친절한 금자씨」의 주인공이 한 말)도 연상되고, 더 지적으로 민감한 독자라면 "사또님 말씀이야 다 우습지"나 "사돈네 남의 말 한다"와 같은 속담도 연상하게 될 것이다. 또 2인칭 대명사 '너'와 높임말인 '기막히세요'는 존대법상 일치하지 않는다. 이러한 문법적 불일치도 미적·풍자적 효과에 한몫 더한다. 말하자면 독자의 지적 수준에 따라 그 웃음과 재미가 증감된다. 아마 이러한 시적 장치의 전부를 담아 뭉뚱그리기에 적합한 가장 간결한 형태가 3행시가 아닐까도 생각된다.

> F킬라를 뿌리듯 이발사가 내 머리에 스프레이를 분무한다
> 내 머리를 모기나 파리 대가리쯤으로 아는 모양이나
> 하긴 싹싹 손 비비고 남의 피나 핥았으니 그럴 법도 하지
> — 「이발소」에서

전제가 되는 부분의 열거를 1행, 2행에 배당하고, 그 전제를 근거로 제3행에서 결론을 도출한 3단형이다. "이발사가 내 머리에 스프레이를 뿌린다(제1행), 나를 모기나 파리로 간주하는 것 같다(제2행), 아첨하고 착취했으니 이발사의 행위는 당연하다(제3행)"는 것이 이 풍조시의 뼈대다. 추린 논리소다. 그러나 이 논리 속에는 의도적 곡해(曲解)와 사회를 향한 우회적 공격이 숨어 있다. 논리 속에 숨은 이 장치의 이해가,

이 풍시조 수용의 전제가 된다.

특히, "싹싹 손 비비고 남의 피나 핥았으니"에서, 1인칭(모기나 파리의 1인칭)인 '나'의 비하(卑下)를 통해서 파리나 모기와 다를 바 없는 자신이 바로 사회의 무고한 사람들에 대한 침입자나 가해자였음을 폭로한다. 자기가 바로 풍자의 칼날에 희생되어야 할 대상이며, 자신의 비하가 공격과 비판을 위한 칼날 갈기의 전제라는 아이러니를 본다. 일종의 도회(韜晦)의 비늘이라고 할까. 새디즘과 매저키즘은 동전의 양면이라는 심리분석도 이 경우에 해당될지?.

夏! 정말 덥다, 夜! 시원하다
夏夜보다 더 신나고 시원한 것 없을까
없긴 왜 없어, 下野란 말 있잖아
―「夏夜」 전문

「夏夜」는 문답형 중의 자문자답형이다. 독백형 자문자답이다. 두 개의 전제에서 의외의 결론을 끌어낸 3단 형태라고도 할 수 있다. 제1행의 대전제가 그 다음의 소전제와 결론인 대답을 가능하게 해준다. 어쨌든 '夏夜'라는 편(pun)과 더불어 박진환식 풍자와 해학의 가장 돋보이는 전형적인 시다. '夏夜'에 내포된 골계미와 풍자성을 분석해 보자.

'하야'라는 시니피앙에는 1)계절로서의 夏夜, 2)'하! 야'라는 반응의 감탄사, 3)하야(下野)라는 시니피에가 겹쳐 있다. 반복하면 시니피앙의 한 덩어리 속의 세 시니피에가 꼬리를 물고 꼬여 메비우스의 띠처럼 회오리친다. 특히 '하야(夏夜:下野)'라는 말이 지닌 풍자성이 시 전체(1행, 2행, 3행)에 삼투되어 방사(放射)한다. 웃음 속에 감추어진 칼날을 보는 것 같아 섬찍하다.

4.
끝으로 풍시조 1편과 외국의 우화 1편을 비교해 볼까 한다. 대상은 둘 다 '중동(中東)'이다.

> 열사의 불 먹고 사는 탓에 제 버릇 못 버려 즐기는 불장난
> 석유까지 불을 뿜어대니 연일 불바다지
> 얼음을 먹어야 식히는데 中東엔 仲冬이 없으니
> ―「仲冬이 없으니・1」

이것은 일종의 '편'이다.「夏夜」에 비하면 편의 구조도 퍽 단순한 편이다. 페르시아만(아라비아만)의 해변에 '개구리' 한 마리가 햇볕을 쬐고 있는데, '전갈(scorpion)'이 와서 바다 건너 저쪽 언덕까지 등에 태워 건너달라고 부탁한다('전갈은 몸속 독낭에 못 모양의 독침이 들어 있는 동물이다).

"싫어. 넌 전갈 아냐. 날 찔러 죽이려고"
"바보 같은 소리" 내가 찌르면 너도 죽지만 나도 익사하지 않는가. 잠시 생각한 끝에 개구리가 말한다.
"그렇군. 그럼 내 등에 올라타"

전갈을 등에 태운 개구리가 아라비아 바다를 건너기 시작한다. 바다 복판쯤에 왔을 때, 전갈은 갑자기 독침을 꺼내어 개구리를 찔러 버렸다.
　"왜 이래?"
　전갈이 대답했다. "여긴 중동(中東)이야."

　유머지만, 이것은 '우화'의 형식을 취하고 있다(박진환도 '우화' 쪽으로 발전할지도 모른다). '개구리'는 아라비아만으로 관광온 유럽인인지도 모른다. 그러나 이 조크에 등장하는 '전갈'과 '개구리'의 본의(本義)가 각각 유럽과 중동 중에서 어느 쪽인가에 따라 작품 전체의 이야기가 달라지고, 공격의 대상도 반대가 된다. 그러면 박진환의 풍시조의 공격 대상은 누구인가. 중동만이라고 할 수 없다. 여기서 해학이건 풍자건 그 속에 감춘 예리한 '날'의 현동화(現動化)가 실은 얼마나 어렵고 미묘한 것인가를 시사한다. 특히 「전갈과 개구리」의 경우, 그 균형(balance) 잡기의 어려움을 실감하게 된다.
　나는 오늘의 한국시의 지형도를 그려본 적이 있다. 1)전통과 서정(전통적 서정시), 2)메시지와 관념(관념시, 생태시), 3)이미지와 물리성(언어 이미지시), 4)탈관념의 실험(탈관념시), 5)주지적 처리(주지시) 등이 그것이다. 한국시의 동서남북이라고도 할 수 있다. 우리 시단의 특색 있는 시의 중요한 작품들은 일단 이 지형도로 배열, 배치할 수 있다. 우리 시의 현황이다.
　나는 박진환의 최근작(3행의 풍시조)을 주목하면서 '주지시'

의 장르로 보았다. 지금도 나는 이러한 자리매김을 후회하지 않는다. 김춘수는 박진환의 풍시조에 대하여 『하여지향(何如之鄕)』을 쓴 송욱의 '전철'을 밟고 있다고 했지만, 나는 송욱과 '같은 계열'이라고 보지, '전철'이라고는 생각하지 않는다. '풍자의 노끈'으로 송욱과 박진환을 칭칭 묶어 버리는 것도 가능하나, '풍자'가 있는 '주지(主知)의 토포스' 속에 자리한 박진환의 거처가 지닌 의미의 진폭을 이해할 필요가 있을 것 같다. 풍자, 해학, 편, 아이러니, 비꼼, 조롱 등은 '주지시'의 자원이긴 하나 이것만이 전부는 아니다. 이러한 주지시는 송욱, 김현승, 김광섭 등을 거쳐 김기림(金起林)의 장시 『기상도(氣象圖)』(1936)에 이른다는 사실을 이해한다면, 주지의 여러 가지 자원이 뭣인가를 짐작할 수 있다. 『기상도』가 지닌 주지적 풍부함의 목록을 일일이 확인할 필요가 없을까.

이야기를 많이 에둘렀다. 다시 「仲冬이 없으니·1」과 「전갈과 개구리」이야기가 지닌 한 가지 토픽도 주지(主知)가 지닌 여러 가지 목록 중의 하나다. 지성은 억제와 조절에 바탕을 둔 '균형'을 강조한다. 형이상적 존재의 인식, 그 인식이 지닌 초월성의 자기화(自己化)에 의한 시선의 확보, 그 중의 풍자적 시선이 공격 대상을 선정하는 일에 도리없이 참여하는 '균형'은 특히 중요하다. 저울대의 무게와 추가 형평을 이룰 때 '풍자'는 더욱 빛날 것이다.

■ 시집 평설을 대신해서_諷詩調에 대한 사계의 견해

知的調律에 의한 시 意味의 密度와 結晶度
- 『諷詩調』의 창간에 부쳐

성찬경(전 예술원 회원)

 문예지 『풍시조(諷詩調)』가 창간되었다. 때는 2008년 초여름이고, 앞으로 계간지로 계속 발간될 것이라는 예고다.
 문예지라고 했지만, 문예지치고는 매우 특수한 성격을 지니는 문예지다. 우선에 소설은 배제된 시 전문지이지만, 넓은 범위의 시 일반을 싣는 것이 아니라 '풍시조(諷詩調)'란 새로운 시적 유형과 범주에 속하는 시만을 모아서 엮는 시지이니, 이를테면 시단 안에서도 특수 전문지의 성격을 갖는다. 흔히 취미 오락 등을 다룬 잡지에 낚시니 등산이니 바둑 등을 전문으로 다루는 잡지를 보게 되는데, 『諷詩調』는 시 안에서도 독특한 장르만을 대상으로 하는 일종의 전문 시지(詩誌)인 셈이며, 우리나라 시사(詩史)와 시단의 현황이 어언 여기에까지 이르렀는가 하는 감회를 갖게 된다.
 여기에서 좀 더 차분히 『諷詩調』의 출현을 지금까지 키워온 그 뿌리와 수맥을 살펴볼 필요가 있다. 말할 것도 없이 이

『諷詩調』의 근본이 되는 자양적 모태는 박진환 시인이 약 30년에 걸쳐서 전개해온 넓은 의미에서의 지성시(知性詩) 운동이다. 박진환 시인은 이러한 지성시의 구체적인 전개방법으로서 '형이상학시'의 기치(旗幟) 아래, 이른바 변용의 시를 추구해온 것은 세상이 다 아는 바다.

　변용의 시도 실은 그 개념의 범주가 좁다 할 수는 없다. 더 구체적으로 말하면 시에서의 위트, 컨시트, 또는 펀과 같은 기법을 활용하여 시의 정서적 구조를 지적 구조로 바꾸고, 그럼으로써 시를 의미의 밀도에서 좀더 경질(硬質)의 것이 되게 하려는 시적 추구를 말한다. 그리고 이것은 그 시적 추구에서 17세기 영국의 '형이상학파' 시인들의 추구와 그 맥이 통한다는 사실도 우리가 알고 있는 바와 같다.

　여기에서 박진환 시인의 이러한 시적 추구가 우리 시의 현실적 상황과 어떠한 관계에 있는가 하는 점을 살필 필요가 있다. 현재의 우리 시는 한 마디로 지성이라는 영양소의 결핍 증세가 심한데, 또한 그것을 자각하고 있지도 못하다는 것이 나의 솔직한 판단이다.

　시에서 지성이 하는 구실은 일종의 조화 감각이라 할 수 있다. 시가 너무 한 쪽에 치우치는 것을 막아주는 감시의 역할을 하는 것이 바로 지성이다. 그래서 시에서 지적 요소가 부족하면 시가 한쪽으로 치우치는 것을 막지 못한다. 시에서 눈물이 너무 많아진다거나, 지나치게 격정에 사로잡힌다거나 정서의 내용이 너무 가냘퍼진다거나, 또는 지나치게 괴기해진다거나 하는 현상이 모두 지성적 작용의 결핍에서 오는 증후라

할 수 있다.

 문예지 『조선문학』을 중심으로 하는 한 무리의 문인들이 문학에서 지성적 구실을 강조하고, 줄기차게 우리 문단에서의 이러한 허점을 보완하고자 한 문학적 공헌에 대한 평가에서 우리는 몰인식과 소극성을 벗어나지 못하고 있는 것이 아닌가 하는 것이 역시 나의 생각이다.

 이번에 발간된 『諷詩調』는 박진환 시인이 벌여온 시운동의 더욱 정제된 결정과도 같은 것이며, 이것을 일종의 '문학적 발명'이라 해야 마땅할 것이라는 생각이 든다.

 어느 시대에 있어서나 문학의 새로운 양식은 그것이 하나의 새로운 발명임을 의미한다. 그리고 진정한 의미에서의 '발명'이라면, 얼핏 보아 아무리 하찮게 보이는 것일지라도, 거기에는 발명자의 많은 시간과 피땀과 노고가 스며있음을 잊어서는 안 된다. 시에 있어서도 마찬가지다. 시의 새로운 체질과 양식과 장르의 발명이 실은 시인들의 끊임없이 노력하고 추구하는 목표이기도 한 것이다.

 '諷詩調'의 출현 역시 결코 하루아침에 이루어진 우발적인 출현이 아님은 말할 것도 없다. 지금까지 박진환 시인이 시도해온 많은 '3행시'와 '諷詩調'가 그 싹이 되어 피어왔음은 물론이다.

 『풍시조(諷詩調)』가 갖는 새로운 체질적 특색을 간단히 살펴보겠다. '諷詩調'가 우리 고유의 전통적 시가의 형식인 '시조(時調)'와 체질적 연관성이 있음은 물론이다. 諷詩調의 구성이 3행으로 돼 있는 점이 초중종 3장으로 돼 있는 시조와 일치한다는 것에서도 이 일을 알 수 있다. 원래 시조의 초중종 3장도 시조보다 더 뿌리 깊다 할 수 있는 동양 고유의 한시(漢詩)의 기승전결에서 나온 것임을 우리는 짐작할 수 있다. 4행1련을 기본 단위로 하는 기승전결은 사실 동서고금의 모든 시적 감흥의 기본 틀이기도 하다. 다만 시조의 경우 종장에 해당하는 3장에서는 '전(轉)'과 '결(決)'이 한 행에 압축됨으로써 4행의 경우보다도 더욱 극적 효과와 시의 긴장감을 높여주고 있다.

이와 같이 諷詩調는 시조와 일맥상통하면서도 예술적 감흥을 겨냥하는 데에서는 시조(時調)와 사뭇 다르다. 곧 시조의 시의 뜻을 한자의 때시 '時'에서 글시 '詩'로 바꿔놓은 데서 그 겨냥하는 바를 짐작할 수 있다. 시조(時調)가 그 주제를 시대적 풍습에 맞추려는데 두고 있다면, 諷詩調에서는 시류(時流)를 넘어서는 작품으로서의 시적(詩的) 가치를 높이려는 의도가 숨어 있으며, 이런 점에서 '諷詩調'는 이른바 순수시(純粹詩)와도 그 방향을 같이 하게 된다.

'시조(詩調)', 곧 시의 흐름에 또 '풍(諷)' 자가 결합되어 있으니, 이것은 또 어떤 의도를 품고 있는 것일까. 여기에서 '풍(諷)'자는 박진환 시인이 시지의 '창간사'에서도 밝히고 있는 바와 같이 시에 넓은 의미의 풍자성(諷刺性)을 담으려는 의도와 다를 바가 없으니, 이 풍(諷)의 개념에는 시에서 전개할 수 있는 지적 작업 일반의 여러 항목이 두루 포함돼 있으며, 위트, 아이러니, 새타이어, 시니시즘(비꼬움) 등 표현상의 역설적 기법이 종횡으로 등장하게 된다.

그리고 이러한 풍자는 그것이 일종의 지적 응징의 구실을 하게 되는 것이며 이와 같은 응징의 숨은 의도는 바른 사회, 꼴불견인 시류적인 속물(俗物)들이 사라지는 사회, 양식이 통하는 밝은 사회의 출현을 바라보는 것이니, 깊은 뜻에서는 이 풍자의 정신이 곧 인도주의적 염원과도 일치한다는 점을 간과해서는 안 될 것이다.

'諷詩調'의 보기로서, 박진환 시인이 전, 현직 대통령을 소재로 풍자한 시를 보려 한다.

> 노랗게 노랗게 노자로 시작해서
> 나리나리 개나리 리자로 끝나면 무슨 나리게
> 개나리, 노노노 무식하긴 노나리지
> ―「개나리」

> 이명박 대통령 임기 끝나 퇴임하는 날이 2012년 12월 26일
> 이날에 맞춰 돌아가는 시계가 이명박 시계란다
> 시작이 엊그젠데 퇴임 날 꼽아가며 돌아가는 시계가 있다니
> ―「이명박 퇴임시계」

펀과 시니시즘과 새타이어가 2중 3중으로 얽히고 꼬인, 고도로 지적인 시적 작업임을 알 수 있다. 이보다 더 따끔한 응징적 일침이 또 있겠나.

계간지 『諷詩調』는 이제 막 창간되었기 때문도 있겠지만, 아직 동인지의 성격을 완전히 벗지 못한 느낌도 없지 않아

있다. 앞으로 이런 점도 차츰 보완이 되리라 믿어지며, 이 시지가 잘 성장하여 응분의 구실을 하게 될 것을 나는 축원의 시선으로 바라본다. 그렇다 하더라도 일관성 있는 '지성시'에의 헌신과 노고가 정당한 평가를 받게 되는 날이 우리 시사(詩史)에서 언제 찾아올 것인가.

■ 시집 평설을 대신해서_諷詩調에 대한 사계의 견해

諷詩調의 깃발과 風向
— 새로운 시 운동에 대하여

김용직(전 학술원 회원)

 극히 최근에 그 모습을 드러낸 諷詩調 운동에는 두 가지 정도의 전략이 내장되어 있는 듯 보인다. 그 하나가 독특한 형태양식 해석이며 다른 하나가 현실 상황을 향한 예각적 공격의식이다. 명백히 현대 서정시의 서부(西部)를 개척하려는 의욕으로 시도된 이 시운동은 그러나 그 형식을 3장 6구를 원형으로 한 단형시 제작을 바탕으로 하고 있다. 3장 6구의 단형시라면 우리 머리에는 곧 한국 전통시가 양식인 시조가 떠오른다. 시조는 국민문학파에 의한 개혁운동 이후 새로운 토대를 마련하게 되었다. 이때부터 시조는 고전시가의 인습적인 면을 벗어나 새 시대의 양식이 된 것이다. 諷詩調는 시조의 이런 틀을 이용하려는 듯 보인다.
 諷詩調는 그 의식성향으로 보아 상당히 공격적이며 호전적이기까지 하다. 그 도마 위에는 정치, 경제, 사회, 문화의 문제만이 아니라 개인의 윤리, 도덕적인 사건까지가 가차 없이 올라 난도질당한다. 그런데 많은 경우 諷詩謌의 비판, 공격은 예술적 의장을 거치지 않은 가운데 이루어진다. 諷詩謌에서 풍(諷)은 수사론에서 풍자를 뜻할 것이며 고전문학의 감각을 곁들이게 되면 풍간(諷諫)과 같은 맥락에서 해석될 말이다. 풍자와 풍간에 역겨운 현실, 아니꼬운 대상을 꼬집고 공격하는 단면이 내포되어 있는 것은 사실이다. 그러나 그런 경우의 비판, 공격은 진술의 형태로 이루어지는 것이 아니라 비유의 형태를 취하는 것이 바람직하다.

풍자문학에서 직접적 언술(言述)이 아니라 간접적인 기법이 이용되는 까닭은 단순하다. 많은 경우 시인이 아니꼽게 생각하는 대상은 한 시대와 사회에서 강한 힘을 가진 개인이거나 집단과 그 부수 형태인 제도나 규범들이다. 그들을 진술의 차원에서 공격하는 경우 작품들은 즉각 압수, 폐기되고 그 제작들은 연행, 구속될 위험에 노출된다. 시와 예술이 노려야 할 것은 이런 자살 특공대식 자기표출이 아니다. 이런 감각이 생산해 낸 전략의 결과가 풍자로 해석되어야 하는 것이다.

諷詩謌가 3장 형식을 취한 것에 대해서도 이와 거의 같은 이야기가 가능하다. 諷詩謌가 3행시의 형태를 이용한 것은 3행시가 한국 전통 시가를 대표하는 것으로 판단된 결과일 것이다. 새로운 시가운동이 국민문학의 자리에 오른 양식의 특성을 이용하는 것은 슬기로운 일이다. 그러나 이 경우에도 우리는 창작활동에서 기본교의 하나를 기억하고 있어야 한다. 모든 창작활동에서 형태는 묵수될 것이 아니라 새롭게 해석, 개척되어 나가야 한다. 국민문학파의 전례가 가리키는 바와 같이 3장 6구의 시조가 갖는 큰 틀은 긍정적으로 계승될 수 있다. 그러나 그 틀 속에 새로운 시로서의 호흡과 맥박은 끊임없이 재창조되어야 한다.

우리는 모처럼 시도되는 諷詩調 운동이 한국 현대시의 높은 산맥이 되고 푸른 강줄기를 이루어나가기를 희망한다. 이런 소망이 다소간 비판적인 생각을 토로하게 된 셈이다.

■ 시집 평설을 대신해서_諷詩調에 대한 사계의 견해

박진환의 3행 '諷詩調'에 대하여

최원규(충남대 명예교수)

　최근 지속적으로 왕성하게 발표해온 박진환의 삼행시초 '諷詩調'야말로 괄목할만한 한국적 단형시다. 더구나 시대적 상황이 사회적으로 굵직한 이슈를 던져주었던 전변의 정치적 관심이 우리 모두를 끌어들이는 시기와 맞물렸기 때문이기도 하다. 이미 정권 교체에 따른 권력의 갈등에서 겪은 일이지만 대선과정에서 마지막까지 문제가 되었던 BBK 사건, FTA, 숭례문 복원, 대운하 찬반, 광우병 등으로 인한 촛불 시위 범람이 쓰나미처럼 휩쓸고 지나갔으며 아직도 그 여진이 계속되고 있다.
　이렇게 불안한 계절에 시인은 이들의 갈등과 부조리를 외면하고 추상적인 언어를 기반으로 하는 사회적 연대감에서 벗어나 강 건너 불구경만이 순수의 미덕인가. 마땅히 지식인으로 가치판단이나 문화적 선악에 동참, 선도의 언어가 필요해진 것이 너무 당연하다. 하물며 시는 시인끼리 담을 쌓고 그 속에 안주해 있는 모습에서 벗어나 시민과 동참 동행하는 시민의식이 필요하다.

이미 우리 시의 역사 속에서도 한용운, 이육사, 윤동주 그들의 평가에서 볼 수 있듯이 그들의 시에서 우리의 의지와 나라를 걱정하는 애국시가 용솟음치기도 하였다. 그런 점에서 이 시대 박진환의 諷詩調야말로 우리 시단의 중요한 뇌관을 건드린 사건이라고 판단된다.

諷詩調는 삼행이라는 점에서 시조와 같으나 구조나 형태적 특질이 시조의 틀을 벗어났을 뿐만 아니라 어귀나 비유법의 방법을 시조와 달리한다. 한편 화제가 되고 있는 시대적 상황을 직접적인 논의와 평가를 요구하며, 아이러니, 패러독스, 유머로 수용한다. 요컨대 박진환의 '諷詩調'는 업투데이트한 시대적 사회시를 전제한다. 그러므로 그의 '諷詩調'는 작중 인물들의 선행이나 악행의 전제를 제시하며 마지막 행에 이르러서는 개선이나 선과 악의 가치판단의 동참을 요구한다.

박진환의 '諷詩調'는 악과 사의 교정을 위한 화해적 개선이라는 점에서 꼬집고, 비꼬고, 깎아내리고, 비아냥하고 비판, 고발, 폭로를 시의 바탕으로 삼되 마지막 의도는 '순수한 통징'을 감행함으로써 풍자시보다는 한 차원 높은 시적 장치를 갖추고 있다는 점에 주목한다.

박진환은 엄격하거나 거창한 테마를 희극적으로 처리하거나 재미와 멸시, 분노와 냉소의 태도를 환기시킴으로써 그것을 약화시키는 기법을 사용한다. '웃음을 무기로 사용하고 작품의 외부에 존재하는 과녁을 겨냥한다. 그 과녁은 개인적인 일일 수 있고, 어떤 계층이나 제도나 국가나 인류 전체에게까지 할 수 있다'라고 전제한다.

요컨대 화자가 단정하는 외견상 주장과 속으로 의도하고 있는 의미가 서로 다른 진술을 할 때 그 진술은 태도나 평가를 명백히 표현하지만 그것과 매우 다른 태도나 평가를 함축하고 있는 것을 포함하는 것이 아이러니의 기술이라고 보았을 때 박진환의 '순수한 통징'을 암시한다. 발음이 같고 흡사하지만 의미는 전혀 다른 같은 소리에 다른 의미를 갖는 말들은 때로 읽는 이에게 가치판단의 격정적인 한편으로 기울게 하기보다 그것을 유보하며 역지사지(易地思之)의 공평성을 유발시키고 화해성을 유도한다.

박진환은 시적인 재담(equivoque)도 있고 때로 언어유희(pun)도 있지만, 그것들은 읽는 이로 하여금 간담이 서늘해지는 경지까지 유발한다. 때로는 '삶 속의 죽음'이나 '쾌락의 고통', '사랑의 증오'들처럼 메타피지컬포에트(Metaphysical poets)들이 사용한 흔적에 영향되었다고 할 수 있으나 박진환의 경우 경고성의 환기에 더 치중함을 볼 수 있다.

마침내 풍(諷), 시(詩), 조(調) 각개의 문자 의미의 내부를 탐색할 때 모두 언(言) 말씀이 들어있다. 말씀[言]은 글[文]과 구별된다. 글은 논리와 절제를 요구하지만 말[言]은 흘러가는 물과 같이 지형이나 지세에 따라 형태가 변하며 응집한다. 그러므로 흐름의 방향은 같지만 물줄기는 즉흥적이며 당대의 상황에 따라 전변한다.

말씀[言]은 바람[風]과 절[寺]과 두루할 주(周)를 더하여 동서남북, 종횡무진, 당대를 섭렵한다. 그리하여 박진환의 '諷詩調'는 마침내 세상사의 이야깃거리의 중심부에서 주제할 수 있는 정세의 총화와 전환을 암시한다.

박진환의 諷詩調가 꼭 3행이어야 하는가의 문제에 대하여 신중히 생각해야 한다. 다만 어느 민족이고 그 민족의 정서적 흡인력에 의하여 자연 발생적으로 생겨난 정형적 틀이 있어 왔다. 가령 당시(唐詩)의 4언 또는 7언 절시나 영시의 4행시(quatrain), 이행연귀(couplet), 14행시(sonnet) 모두 각운 구조로 결합된 강약음보격의 시행으로 되어 단일시귀(stanja)의 서정시인데 우리의 고유 문학형태의 시형(시조)들이 3장 6귀의 원칙을 고수한 것은 민족적인 고유성과 기풍(Ethos)에 의한 것이라고 믿는다. 다만 박진환의 경우 꼭 우리의 시조를 의식한 3행시는 아니지만(사실 시조와는 그 정형시로 의미구조의 잣대에 맞지 않음) 정형시로서 규율에 맞는 것이 아닌 자유시로서의 의미를 더욱 확대한다.

외형상 3행시로 처리한 것은 압축과 긴장미의 효과를 살리며 음수율에서 체험할 수 없는 탄력을 보여준다.

그리하여 3행시는 우리에게 낯익고 우리 말의 생태적 관습의 순리에 수용된다. 또한 시의 자연스런 형태의 공감이 일반화되었기에 박진환 삼행시가 우리 시단의 충격파를 더해 간다고 생각된다. 그의 3행 諷詩調의 창출은 우리 시문학사의 새로운 원형을 배가시킨 원동력이 될 것이며, 한편 시적 표현 미학에서 잡다한 외래적 수용의 난맥상을 제압하는 데 주요한 길잡이가 될 것이다.

박진환의 3행 '諷詩調'는 시조(時調)와 동자이의어(同字異義語)로 우리에게 새로운 정형성의 모델을 제시한다. 그러므로 우리 현대시가 지닌 무모한 율격이나 시적 주제의 미숙성 또는 혼미성을 극복하는 데 따른 주제시로서 확실한 언덕이 형성된 셈이다.

■ 시집 평설을 대신해서_諷詩調에 대한 사계의 견해

풍시조 읽기

문효치(전 문협 이사장)

　박진환 시인의 諷詩調를 읽었다 풍시조(諷詩調)라는 낯선 이름에 대하여 저자는 풍자시를 줄여 풍시라 하고 거기에 무슨무슨 투나 태도의 뜻으로 조(쪼.調)를 붙였노라고 설명하고 있다. 그러니 諷詩調의 본질은 풍자시일 듯하다.
　우선 재미있다. 식상한 이미지들의 나열이나 아니면 거의 산문화 되어버린 요즘의 시들에 입맛을 잃었는데 이 諷詩調는 매우 신선한 재미를 느끼게 해 준다.
　세상은 부조리와 불합리와 부정 불의 등으로 가득 차 있다. 이러한 세태가 우리를 짜증나게 하고 화나게도 한다. 살맛을 잃게 한다. 정말 살맛을 잃게 하는 재미없는 제재를 박진환 시인은 재미있는 시로 만들고 있다.

　핵, 우리도 그간거있어 펑펑터지는 국제특허품 不字標 핵 있어
　　　　불평등·불공평·부조리·부정부패·부동산 투기까지

건들면 폭발하는 순 국산 不字標 핵 있다고, 까불고 있어
　　　　　　　　　　　　　　—「까불고 있어」전문

불평등 불공평 부조리 부정부패 부동산 투기 등 우리사회에 만연한 부정적 요소들, 이것들은 가히 우리 사회를 파괴시킬 만한 위력을 가지고 있다. 정말 심각한 문제다. 이런 사항들을 '不字標핵'으로 둘러댄 그 재치가 재미있다. 그래서 이 시를 보면 일단 웃음이 난다, 진짜 핵을 '그깐거'라고 대수롭지 않은 존재로 봄으로써 '不字標' 핵의 위험성을 한껏 고조시켜 놓았다. 내용은 매우 심각한 문제성을 가지고 있지만 표현된 말들은 우리를 재미있게 해 준다.

'까불고 있어'라는 끝절은 상대방(진짜 핵을 가진 자)에게 눈을 흘기며 짐짓 어깨를 으쓱거리는 모습을 떠올리게 해 준다. 다소 장난기가 보이는 모습을 연상하면서 시인의 재치를 다시 한번 실감케 해 준다.

이러한 부조리 불합리한 사태를 능란한 솜씨로 비꼬고 농락함으로써 독자들은 후련한 카타르시스를 느낀다. 내가 미처 하지 못한 앙갚음을 대신 갚아 주는 것 같기도 하고 어쩌면 내 심정을 잘 알아주는 것 같기도 하다.

이 책은 멸시 분노 증오의 정서를, 비꼼 냉소 조소 조롱 역설 등의 언사로 가득 채워 놓았다. 그러나 궁극으로는 교정·교훈의 의지가 숨겨져 있다.

뭐라구라우, 사람 낳고 돈 낳제 돈 낳고 사람 낳다구라우

>   허허 이 양반 순 구식이네
>   신식으론 돈 낳고 사람 낳제, 사람 낳고 돈 낳고가 아니여
>   —「뭐라구라우」전문

 돈 낳고 사람 낳은 것은 불변의 진리이다. 그러나 신식으로는 돈 낳고 사람 낳았다고 큰소리친다. 그러나 이것은 역설이다. 화자가 진짜로 하고 싶은 말은 이른바 구식인 '사람 낳고 돈 낳다'는 말이다. 이것이 뒤집힌 세상, 전도된 가치에 대해서 일갈하고 꼬집은 것이다. 그리고 그에 대한 반성과 교정을 꿈꾸고 있는 것이다.
 삼행으로 압축한 단아한 모습의 시형에도 주목하고 싶다. 말 그대로 촌철살인의 짤막한 말이 감동을 준다. 요즈음 장황한 수다를 늘어놓는 시들이 범람하면서 이렇게 간결한 시들이 그리워진다.

>   나라님 물러나면 낙향하여 통나무집 짓고 시나 쓰며 살겠단 말
>   아무래도 허사같다. 시는 말을 아끼고 줄이는 언어경영인 것을
>   저리 말이 헤퍼서야 어찌 말의 진수에 닿을 수 있을지
>   —「아무래도 허사 같다」전문

 듣기 좋은 수다로 대중들을 현혹하며 실천보다는 말을 앞세우는 정치인을 비꼬며 질타하고 있지만 한 편 짤막한 시론을 엿볼 수 있는 시다. 그렇다. 시는 '말을 아끼고 줄이는 언어경영'인 것이어서 '말이 헤퍼서'는 안 될 일이다.

삼행은 우리의 눈에 익숙하다. 어려서부터 시조를 읽고 배워왔기 때문이다. 물론 시조의 형식에 맞춰 음수율을 조절한 것은 아니지만 그 속에 기승전결의 구조를 가진 것들이 많은 것도 이해하기 쉬운 대목이다.

 지금이 바로 이러한 시들이 필요한 시대인 것 같다. 잡지마다 넘쳐나고 있는 산문조 요설이 시성(詩性)을 잠식하고 있고, 그리고 비꼬고 조롱하고 비난하고 질타해야 될 일들이 많은 세상일수록 그러한 세태를 지적하고 경계하며 교정해야 하기 때문이다. 시가 궁극적으로는 인간을 위하고 옹호하는 것이라면 시가 이러한 일에도 적극 관심을 가져야 할 것으로 생각한다.

■ 시집 평설을 대신해서_諷詩調에 대한 사계의 견해

諷詩調에 나타난 형이상시의 수사법

최규철(시인·문학평론가)

들어가는 말

 어느 사회학자는 '농경사회의 삶이 시간 잉여(時間剩餘)의 시대였다면 오늘날과 같은 정보화 사회는 시간 기근(饑饉)의 시대라' 했다. 그것은 그 정도로 오늘의 시대가 시간에 쫓기며 살아가는 고속화 시대를 맞이하고 있다는 것이다. 따라서 이러한 고속화 사회에 사는 현대인들의 문학작품에 대한 선호도도 역시 장편소설보다는 단편소설을, 장시보다는 단시를 더 선호하는 경향이 있다. 특히 시에 있어서 현대인들의 구미에 맞는 시는 짧으면서도 그 속에 다분한 내용을 함축함으로써 큰 감동을 주는 시라 하겠다. 이런 시대적 요구에 부응하는 시가 바로 박진환 시인이 착안하고 시운동을 전개하고 있는 諷詩調이다.

 諷詩調의 기법은 형이상시의 레토릭(rhetoric)과 흡사한 면이 많다. 컨시트의 기발한 지적 놀라움, 서로 상반된 양극화의 결합과 그 조화, 역설과 반어(反語), 시의 순수한 통징을 통한 내적 울분의 해소와 사회 구조악(構造惡)의 개선 등이 바로 그것이다.

특히 3행시의 짧은 글 속에 함축된 내용과 그 여운을 담기 위해서는 압축적이고 생략적인 구문이 필요하다. 따라서 각 행의 전환 및 반전이 빠르게 전개되는 특색이 있다. 이것은 양극화의 긴장이 팽팽할수록 행과 행의 전환속도가 빠르고 생략과 압축의 미학이 더욱 살아난다.

필자는 그동안 지면을 통해서 3. 4회에 걸쳐 언급해온 諷詩調 시학에 대한 이론을 총괄하고 종합하여 주로 諷詩調의 형이상시적 유사성과 레토릭(rhetoric) 기법의 측면에서 접근해 보고자 한다.

1. 諷詩調의 순수한 통징

諷詩調는 일종의 풍자시의 성격을 띤 시라 하겠다. 풍자시의 사전적인 정의는 부정부패와 비리 현상과 모순 등을 다른 사물에 비유하여 폭로와 공격 일변도의 시를 말한다. 즉 풍자시라고 하는 한자가 풍자할 풍(諷) 찌를 자(刺)로 명시한 바와 같이 모든 죄악상을 어떤 사물로 빗대어 찔러 고통을 가하게 하는 일종의 보복성을 뜻하는 성격을 내포하고 있는 시가 대부분이다. 그러나 諷詩調에서 말하는 순수한 통징의 주된 목적은 諷詩調를 통해서 죄의 아픔을 느끼게 할 뿐만 아니라,

뉘우치고 돌이켜 새롭게 변화하게 하는 데 주력하는 시의 기능을 말한다. 다시 말하자면 죄의 부패성에 대해서 단순히 찌르고 고통을 가하게 하는 데 그치는 것이 아니라 메스를 가하고 수술을 함으로써 병을 낫게 하는 데 그 목적이 있음을 말한다.

 그러나 여기서 주의 깊게 보아야 할 것은 수술을 가하되 고통을 없애게 하기 위해 마취제를 동시에 투여하는 방법을 취하고 있다는 사실이다. 즉 유머를 통해서 웃음을 주고 즐거움을 줌으로써 그 고언을 달게 받아들이고 소화시킬 수 있는 기능을 지녔다는 것이다. 諷詩調의 통징이야말로 우리의 뇌에서 일종의 모르핀이나 엔도르핀과 같은 호르몬을 분비하게 함으로써 무통수술을 하게 하고 오히려 미묘한 시적 희열을 주게 하는 절묘한 수술비법을 의미하고 있다. 諷詩調의 작가들은 이런 諷詩調의 순수한 통징의 특성을 숙지하고 이러한 순수한 통징의 기능을 살리는 데 노력해야 할 것이다. 諷詩調에서 이러한 순수한 통징이 살아있지 못한다면 그것은 諷詩調로서의 시적 역할을 다한 시라 볼 수가 없다. 諷詩調의 생명이 바로 여기에 있다 할 수 있기 때문이다.

 참으로 諷詩調의 순수한 통징이야말로 오늘과 같은 종말론적인 징조를 토로하고 인류의 구원을 갈구하게 하는 시대적 사명의 성격을 띤 시라 하겠다. 현대사회는 갈수록 첨예한 양극화 조성으로 인한 양자구도의 대립상이 심화되고 있다. 오늘날 정치 경제 사회 문화 전반에 걸친 인류사회의 갈등과 분쟁이 바로 이런 극단적인 양극화 현상에서 오는 결과라 하겠다. 그렇다면 현대시가 어느 때까지 이를 외면하고 오히려 음풍농월(吟風弄月)만을 일삼아야 하겠는가. 시가 인생문제로 깊이 들어가서 이런 양극화 문제를 해소하고 하나로 융합하는 화해와 일치의 시학으로 발전해가야 할 것이 아닌가. 그러한 의미에서 諷詩講 운동의 필연성이 강조된다.

더욱이 환경오염으로 인한 생태계의 훼손과 대기오염으로 인한 오존층의 파괴, 그리고 지구 온난화에서 발생하는 엘니뇨현상 등으로 인류의 생존 문제에 심각한 적신호가 켜있다. 이런 각박한 상황에서 탈출하기 위한 녹색시학 운동의 전면에 諷詩講가 자리하고 있음을 알 수 있다.

시인은 예언자적인 예리한 눈을 자지고 미래사회의 변화를 직시하면서 오늘의 잘못된 과오를 지적 감동을 통해서 깨닫게 하는 순수한 통징에 무한한 관심을 쏟아야 한다.

> 세상이 왜 이러나 유행병처럼 자살·자살·자살
> 마음 한 번 고쳐먹으면 살자·살자·살자가 되는데
> 뭐 그리 좋은 거라고 일편단심 자살이람
> ― 박진환의 「뭐 그리 좋은 거라고」

한국인의 자살률이 OECD 30개 회원국 가운데 1위를 기록하는 불명예를 안고 있다. 연예계의 인기 스타들과 대기업의 총수들이 잇따라 자살을 하고 심지어 전직 대통령까지도 스스로 목숨을 끊음으로써 사회적 충격이 크다.

박진환 시인의 諷詩調「뭐 그리 좋은 거라고」는 1행의 자살·자살·자살이라고 하는 부정적인 죽음의 개념과, 2행의 '살자·살자·살자'라고 하는 긍정적인 생명의 개념을 양극구도로 서로 거꾸로 뒤집어 대치해 놓음으로써 기발한 위트와 유머를 돋보이게 한다. 이러한 諷詩調의 기능이야말로 격한 자살충동을 완화시켜 줄 뿐 아니라 생에 대한 강력한 의욕까지도 유발하게 하는 시적 감동을 가능케 한다. 여기서 諷詩調의 풍자 속에 담고 있는 간절한 회심에의 바람이 '마음 한번 고쳐먹으면'이란 말로 표현되고 있다. 이것이 바로 諷詩調가 지닌 순수한 통징의 힘이다.

> 피를 빨아 먹는 모기 잡는데 의견이 분분하다
> 정치가 어떻고 법이 어떻고 대통령이 어떻고
> 입으로 모기 잡나? F킬라를 뿌려야지
> — 박진환의 「입으로 모기 잡나」

 이 시는 그 제목부터가 웃음을 터뜨리게 하는 유머가 있어 마음을 끈다. 이 시 속에 감추어 있는 암시성과 시사성(示唆性)이 모기와 F킬라라고 하는 기발한 메타포를 통해서 큰 감동을 준다. 정계와 법조계의 부패상을 바로잡는, 즉 '피를 빨아 먹는 모기를 잡는데'에는 입으로 하는 설왕설래(說往說來)로써는 근절될 수 없다는 것이다. 특히 수사법 중에서 변화법의 하나인 '입으로 모기잡나?'라고 하는 설의법으로써 F킬라라고 하는 정답을 독자에게 물어 찾아내게 하는 레토릭으로써 스스로 개혁의지를 촉발하게 하는 순수한 통징이 돋보인다. 찌르고 자르고 쪼게는 메스질이 가해짐에도 불구하고 뇌에서 분비되는 모르핀을 통해서 즐거운 마음으로 웃고 수긍이 가능케 하는 회심과 변혁의 비법이 있다.

2. 諷詩調가 갖는 컨시트의 특색

형이상시의 컨시트(奇想, conceit)는 형이상시의 특징 중에서 가장 중요한 특징의 하나라 할 수 있다. 외견상 전혀 유사성이 없거나 상반되고 양극화된 사물이나 상황들을 재치 있고 기발한 방법으로 결합하여 소위 사무엘 존슨(Samuel Johnson)이 언급한 '부조화의 조화'를 이루게 하는 비유적인 수사법을 말한다.

그러나 諷詩調에서 보여주는 컨시트의 특색은 형이상시에서 말하는 그것과는 사뭇 다른 양태의 컨시트를 볼 수 있다. 3행시 구문의 생략적인 특성 때문에 행과 행, 낱말과 낱말, 심지어는 문자와 문자로부터 서로 상반된 사물이나 개념의 명칭과 발음 등을 찾아내고 거기서 특별한 의미성을 유추하여 또 다른 의미를 창출해내는 언어유희적인 기발한 컨시트를 선보이고 있다. 이런 관점에서 볼 때 諷詩調의 컨시트는 단순히 두 가지 사물이나 개념을 교묘하게 결합하여 뜻밖의 유사성을 찾는 기존의 형이상시의 컨시트와는 다른 특성을 지니고 있다고 하겠다.

> 대통령 국정평가 잘했다가 44.2%, 못했다가 41.1%
> 막상막하, 정치란 게 그래
> 上 뒤집으면 下 되고, 下 뒤집으면 上 되거든
> ― 박진환의「物神時代・216」

 국민이면 누구나 알게 모르게 다 정치에 젖어 살면서 나름대로의 정치철학, 내지 생활철학을 가지고 있다. 그래서 3행에서 '정치란게 그래'라 토로한다. 이런 지적 깨달음을 풍자적으로 소화시켜 표현하기란 그리 쉬운 일은 아니다. 이런 이유 때문에 민감한 사안을 받아들여 유머로 웃어넘길 수 있고, 감동 받아 깨달음을 갖게 하는 諷詩調의 기법에 주목할 수밖에 없다. 그래서 諷詩調가 지적이며 문화적인 통징을 가져오게 하는 첩경이라 여겨진다.

 이 시에서 놀라운 기지의 발산은 2~3행에 있다.'막상막하, 정치란게 그래 / 上 뒤집으면 下 되고, 下 뒤집으면 上 되거든'에서 '막상막하(莫上莫下)'의 上과 下의 문자를 세웠다 뒤집었다 하면서 요동치는 정치판의 불안정성을 꼬집는, 재기(才氣)가 번뜩이는 컨시트를 선보이고 있다. 여기서 다만 上·下라고 하는 양극성의 문자를 가지고 세웠다 뒤집었다 하면서 엉뚱하게 결합한 결론이「정치란게 그래」로 귀결한다. 이렇게 諷詩調의 컨시트는 동떨어진 개념이나 이미지를 결합하는 데 그치는 것이 아니라, 서로 상반된 단순한 두 개의 문자로써 새로운 제3의 개념을 형성하게 한다. 이런 관점에서

諷詩調의 컨시트는 보다 다양하고 발전된 성격의 것이라 볼 수 있다.

> 박지성·박주영의 꼴은 오 코리아
> OECD국 중 환경평가 맨 꼴찌의 꼴은 어이쿠 코리아
> 둘 다 꼴은 꼴이다마는 뒤에 꼴은 노꼴만도 못해서
> ― 박진환의 「物神時代·191」

지금 지구촌은 환경오염으로 인해서 점차로 죽어가고 있는 실정인데 우리나라가 OECD국 중에서 환경평가 최하위라 한다. 이 시에서는 이런 실정을 풍자적으로 꼬집고 있는데, 1~2행에서는 축구의 '꼴인'과 환경평가의 '꼴찌'란 서로 유사성이 없는 언어들을 관련 지워 '오 코리아'와 '아이쿠 코리아'라는 서로 반대되는 개념의 언어로 대비시켰고, 3행에서는 꼴찌의 '꼴'을 '노꼴'이라는 상충·상반되는 개념과 연관시킴으로써 '둘다 꼴은 꼴이다마는 뒤엣 꼴은 노꼴만도 못해서'라는 순발력 있는 기지(wit)를 보여준다. 동시에 더 나가서는 축구의 '꼴'과 환경평가 꼴찌라는 '꼴'의 두 글자들을 교모하게 결합한 諷詩調의 컨시트의 진수를 보여주고 있다.

3. 諷詩調의 양극화 기법

또 한 가지 諷詩調에서 가장 두드러지게 나타나는 특징 중의 하나가 양극화 현상이다. 그러기 때문에 諷詩調의 컨시트

는 동떨어지고 상반된 가장 먼 거리의 양극성을 폭력적으로 결합하는 과정이나 패러독스와 아이러니의 양면성에서 오는 강한 텐션이 諷詩調로 하여금 그만큼 응축된 의미의 비유가 되게 한다.

걸핏하면 여·야 율사들 발목잡느니, 발목잡히느니 해쌌는디
뿌리치고 혼자만 가려고 하니 그러지, 동행해봐, 왜 발목잡나
잡혀 부러지면 목발신세 못면해, 발목 거꾸로 해봐 목발이지
— 박진환의 「발목 거꾸로 하면 목발이지」의 전문

분쟁과 불화의 결과가 발목이 목발로 바뀌는 기발한 발상, 곧 생명체를 비생명체로 둔갑시키는 대담한 컨시트의 수사법이 놀라움을 준다. 그 외에도 여·야 율사들, 발목잡느니 발목잡히느니, 발목과 목발 등의 양극화가 이 諷詩調 전면에서 팽팽한 긴장을 조성시켜주고 있다, 거기다가 본래 여·야가 대치하는 정치구도, 그것만으로도 양극의 역학관계를 유지하는 긴장상태인데 여기에 분쟁과 충돌이 생기면 발목이 목발이 되는 더욱더 팽팽한 긴장관계를 촉발한다. 그래서 이 諷詩調는 웃기면서도 여·야가 정치적 협력관계를 잘 유지해야만 나라가 산다는 통징적인 메시지도 담고 있는 시이다.

악법·약법, 청문회, FTA로 여·야 붙어도 한판 크게 붙겠다
탓하지 말 것이 싸워야 국회답지 잠잠하면 그게 더 두려워
마찬가지야, 아이들도 싸움질하면서 크지 않던가

— 박진환의 「아이들도 싸우면서 커」

이 諷詩調는 빈번히 일어나는 국회의원들의 성숙하지 못한 의결과정에서의 난투극을 한 마디로 꼬집은 시이다. 아이들이 싸우면서 커가듯이 국회의원들도 싸우면서 커가야만 하는가 하는 시인의 통탄이 곁들어있는 시이다. 가장 성숙해야 할 국회의원들과 가장 성숙하지 못한 나이인 어린이들의 양극현상을 동류부류로 간주하여 이질성 속의 유사성을 찾는 시인의 기지가 번쩍인다. 여기에는 양극간의 이질성이 유사성으로 바뀌는 과정에서 서로 잡아당기는 강력한 텐션도 드러나 있다. 「싸워야 국회답지」에서는 국회가 싸움판이 되어서야 되겠는가 하는 아이러니의 성격을 띤 레토릭도 있고 국회가 변화되기를 촉구하고 갈망하는 통징도 들어있다.

4. 諷詩調의 구조와 그 전환속도

형이상시에서와 마찬가지로 諷詩調에서도 생략된 구문을 씀으로써 의미의 탄력과 밀도를 더하게 하고, 또한 집약적 표현으로써 시의 단축을 꾀하는 기법을 강조한다. 그 결과 시 전개과정에서 그 전환 속도가 빨라지기 마련이다. 그래서 시의 구조가 3행시로 되어 있고 따라서 행의 길이가 짧으면 짧을수록 생략적 효과가 살아나서 함축성이 있는 시가 된다.

諷詩調는 평시조(平時調)와 같은 초장 중장 종장의 3행 형식의 구조이면서도 3장 6구 12음보의 정형시에 매이지 않은 자유시요, 동시에 평시조보다 더 빠르고 생동감이 있는 기승전결(起承轉結)의 전개가 있다. 따라서 諷詩調의 함축성과 텐션을 살리기 위해서는 될 수 있는 대로 행의 자수(字數)를 줄이고 생략하는 것이 좋다.

> 침묵이 金이라고? 순 구식
> 요즘 세상에선 말 잘해야 출세해
> 신식으론 침묵은 禁이야
> ― 박진환의 「침묵은 禁이야」

1행의 金이 3행에서는 禁으로 바뀐다. 1행에서 침묵은 金이란 말은 구식이요, 3행에서는 침묵이 禁이란 말로 바뀐 것이 신식이라는 것이다. '요즘 세상에선 말 잘해야 출세해'라는 새로운 진리(?)를 발견하고 시대와 더불어 급속히 변하는 처세술의 격세지감을 실토한 시라 하겠다. 또 이 시 속에는 침묵이 금(金)이었던 옛 시대가 참이요 말을 잘해야 출세한다는 현 시대가 잘못된 것이라는 시사성(示唆性)이 들어 있다. 諷詩調가 그 짧은 시로써 현시대의 많은 모순과 부조리를 다 압축하여 표현할 수 있는 것은 오로지 3행시 속에 짧은 행으로 모든 것을 소화시킬 수 있는 수용성(受容性)과 빠른 전환기능을 지탱할 수 있는 메커니즘에서 온 것이다.

> 銅臭에 코피터진 놈이

> 銅醉로 게워내는 주정
> 뭘 쳐다봐, 너나 나나 다를 것이 없는데
> — 박진환의 「物神時代・68」

 이 시는 銅臭와 銅醉를 병치하고 3행에서 '뭘 쳐다봐, 너나 나나 다를 것이 없는데'로 동류화((同類化)시킨 해학적인 기법이 눈을 끈다. 銅臭란 말의 뜻은 돈으로 출세를 하려고 하거나 모든 것을 해결해 보려고 하는 물신주의자들을 낮잡아 하는 말인데 오늘날은 술로써 출세를 하려고 하거나 모든 문제를 해결하려고 하는 銅醉도 많다는 것이다. 銅臭와 銅醉의 내용이 담고 있는 절묘한 조화가 압축되어 이 짧은 諷詩調 한 편을 창구로 하여 오늘의 모든 시대상을 한 눈으로 볼 수 있다.
 그러나 풍조시에서 행의 자수를 줄이고 표현의 생략적인 효과를 극대화하려는 경제적인 언어구사는 아무나 할 수 있는 것이 아니다. 허다한 諷詩調에서 발견할 수 있는 것은 행이 짧으면 그 표현과 의미성도 부실한 경우가 많다는 것이다. 따라서 諷詩調는 자수(字數)를 최소화하면서도 그 함축성을 최대화할 수 있는 기법이야말로 바로 諷詩調의 완성도를 높이는 첩경임을 알게 된다.

맺는 말

 이상과 같이 諷詩調에서 보이는 수사법상의 기법이 형이상시의 그것과 유사한 점이 많다는 것을 알 수 있다. 그러나 그 구조적인 측면에서 볼 때 형이상시보다는 시가 짧고 컨시트도 형이상시보다는 언어유희의 측면에서 독특하고 문자유희의 면에서도 독보적인 경지를 보이고 있는 시라는 것이다. 諷詩調의 대부분이 명확한 양극화 구조로 되어 있고 상반되고 동떨어진 개념이나 사물을 결합하여 부조화의 조화를 이루고 있다. 또한 3행시의 짧은 시로서 생략적이고 압축적인 기법을 통해서 고도의 밀도감을 조성하기 위해 언어와 언어, 행과 행을 교합하여 전개되는 전환속도가 유달리 빠른 것도 그 특징 중의 하나라 하겠다. 이런 시의 특징 때문에 앞으로 諷詩調가 우리나라 문학의 한 장르를 이루고 발전하여 보다 큰 문학성을 발휘하는 날을 기대하여 마지않는다.

조선문학사시인선 964

諷詩調詩集 · 463

시의 복수 · 11

2025년 2월 20일 인쇄
2025년 2월 28일 발행

지은이 / 박진환
발행인 / 박진환
펴낸곳 / 조선문학사
등록번호 / 1-2733
주소 / 03730 서울 서대문구 통일로 389(홍제동)
전화 / 02-730-2255
팩스 / 02-723-9373
E-mail / chosunmh2@daum.net

ISBN 979-11-6354-337-4

정가 10,000원

※ 인지는 저자와 합의 하에 생략
※ 잘못된 책은 서점에서 교환해 드립니다.